Data:_______________ Settimana:____

Nome	Ora	Persone	Telefono #	Camera -Tavolo	Importante

Data:______________ Settimana:____

Nome	Ora	Persone	Telefono #	Camera -Tavolo	Importante

Data:________________ Settimana:____

Nome	Ora	Persone	Telefono #	Camera -Tavolo	Importante

Data:______________ Settimana:____

Nome	Ora	Persone	Telefono #	Camera -Tavolo	Importante

Data: ______________ Settimana: ____

Nome	Ora	Persone	Telefono #	Camera -Tavolo	Importante

Data:______________ Settimana:____

Nome	Ora	Persone	Telefono #	Camera -Tavolo	Importante

Data:______________ Settimana:____

Nome	Ora	Persone	Telefono #	Camera -Tavolo	Importante

Data:______________ Settimana:____

Nome	Ora	Persone	Telefono #	Camera -Tavolo	Importante

Data:______________ Settimana:____

Nome	Ora	Persone	Telefono #	Camera -Tavolo	Importante

Data:______________ Settimana:____

Nome	Ora	Persone	Telefono #	Camera -Tavolo	Importante

Data:________________ Settimana:____

Nome	Ora	Persone	Telefono #	Camera -Tavolo	Importante

Data:_______________ Settimana:____

Nome	Ora	Persone	Telefono #	Camera -Tavolo	Importante

Data: ______________ Settimana: ____

Nome	Ora	Persone	Telefono #	Camera -Tavolo	Importante

Data:_______________ Settimana:____

Nome	Ora	Persone	Telefono #	Camera -Tavolo	Importante

Data:______________ Settimana:____

Nome	Ora	Persone	Telefono #	Camera -Tavolo	Importante

Data:______________ Settimana:____

Nome	Ora	Persone	Telefono #	Camera -Tavolo	Importante

Data: _______________ Settimana: ____

Nome	Ora	Persone	Telefono #	Camera -Tavolo	Importante

Data:_______________ Settimana:____

Nome	Ora	Persone	Telefono #	Camera -Tavolo	Importante

Data:________________ Settimana:____

Nome	Ora	Persone	Telefono #	Camera -Tavolo	Importante

Data:_______________ Settimana:____

Nome	Ora	Persone	Telefono #	Camera -Tavolo	Importante

Data:_______________ Settimana:____

Nome	Ora	Persone	Telefono #	Camera -Tavolo	Importante

Data:________________ Settimana:____

Nome	Ora	Persone	Telefono #	Camera -Tavolo	Importante

Data:________________ Settimana:_____

Nome	Ora	Persone	Telefono #	Camera -Tavolo	Importante

Data:_______________ Settimana:____

Nome	Ora	Persone	Telefono #	Camera -Tavolo	Importante

Data: ______________ Settimana: ____

Nome	Ora	Persone	Telefono #	Camera -Tavolo	Importante

Data:________________ Settimana:____

Nome	Ora	Persone	Telefono #	Camera - Tavolo	Importante

Data: ______________ Settimana: ____

Nome	Ora	Persone	Telefono #	Camera -Tavolo	Importante

Data:_______________ Settimana:____

Nome	Ora	Persone	Telefono #	Camera -Tavolo	Importante

Data:______________ Settimana:____

Nome	Ora	Persone	Telefono #	Camera -Tavolo	Importante

Data:________________ Settimana:____

Nome	Ora	Persone	Telefono #	Camera -Tavolo	Importante

Data:______________ Settimana:____

Nome	Ora	Persone	Telefono #	Camera -Tavolo	Importante

Data:_______________ Settimana:____

Nome	Ora	Persone	Telefono #	Camera -Tavolo	Importante

Data:________________ Settimana:____

Nome	Ora	Persone	Telefono #	Camera -Tavolo	Importante

Data:______________ Settimana:____

Nome	Ora	Persone	Telefono #	Camera -Tavolo	Importante

Data: ______________ Settimana: ____

Nome	Ora	Persone	Telefono #	Camera -Tavolo	Importante

Data:______________ Settimana:____

Nome	Ora	Persone	Telefono #	Camera -Tavolo	Importante

Data: ______________ Settimana: ____

Nome	Ora	Persone	Telefono #	Camera -Tavolo	Importante

Data:_______________ Settimana:____

Nome	Ora	Persone	Telefono #	Camera -Tavolo	Importante

Data: ______________ Settimana: ____

Nome	Ora	Persone	Telefono #	Camera -Tavolo	Importante

Data:______________ Settimana:____

Nome	Ora	Persone	Telefono #	Camera -Tavolo	Importante

Data:______________ Settimana:____

Nome	Ora	Persone	Telefono #	Camera -Tavolo	Importante

Data:_______________ Settimana:____

Nome	Ora	Persone	Telefono #	Camera -Tavolo	Importante

Data:______________ Settimana:____

Nome	Ora	Persone	Telefono #	Camera -Tavolo	Importante

Data:______________ Settimana:____

Nome	Ora	Persone	Telefono #	Camera -Tavolo	Importante

Data: ______________ Settimana: ____

Nome	Ora	Persone	Telefono #	Camera -Tavolo	Importante

Data:_______________ Settimana:____

Nome	Ora	Persone	Telefono #	Camera -Tavolo	Importante

Data:________________ Settimana:____

Nome	Ora	Persone	Telefono #	Camera -Tavolo	Importante

Data:_______________ Settimana:____

Nome	Ora	Persone	Telefono #	Camera -Tavolo	Importante

Data: ______________ Settimana: ____

Nome	Ora	Persone	Telefono #	Camera -Tavolo	Importante

Data:_______________ Settimana:____

Nome	Ora	Persone	Telefono #	Camera -Tavolo	Importante

Data:________________ Settimana:____

Nome	Ora	Persone	Telefono #	Camera -Tavolo	Importante

Data:______________ Settimana:____

Nome	Ora	Persone	Telefono #	Camera -Tavolo	Importante

Data: ______________ Settimana: ____

Nome	Ora	Persone	Telefono #	Camera -Tavolo	Importante

Data:_______________ Settimana:____

Nome	Ora	Persone	Telefono #	Camera -Tavolo	Importante

Data:_______________ Settimana:____

Nome	Ora	Persone	Telefono #	Camera -Tavolo	Importante

Data:______________ Settimana:____

Nome	Ora	Persone	Telefono #	Camera -Tavolo	Importante

Data:________________ Settimana:____

Nome	Ora	Persone	Telefono #	Camera -Tavolo	Importante

Data:_______________ Settimana:____

Nome	Ora	Persone	Telefono #	Camera -Tavolo	Importante

Data:______________ Settimana:____

Nome	Ora	Persone	Telefono #	Camera -Tavolo	Importante

Data:_______________ Settimana:____

Nome	Ora	Persone	Telefono #	Camera -Tavolo	Importante

Data: ______________ Settimana: ____

Nome	Ora	Persone	Telefono #	Camera -Tavolo	Importante

Data:______________ Settimana:____

Nome	Ora	Persone	Telefono #	Camera -Tavolo	Importante

Data:_______________ Settimana:____

Nome	Ora	Persone	Telefono #	Camera -Tavolo	Importante

Data:______________ Settimana:____

Nome	Ora	Persone	Telefono #	Camera -Tavolo	Importante

Data:_______________ Settimana:____

Nome	Ora	Persone	Telefono #	Camera -Tavolo	Importante

Data:_______________ Settimana:____

Nome	Ora	Persone	Telefono #	Camera - Tavolo	Importante

Data:________________ Settimana:____

Nome	Ora	Persone	Telefono #	Camera -Tavolo	Importante

Data:_______________ Settimana:____

Nome	Ora	Persone	Telefono #	Camera - Tavolo	Importante

Data:________________ Settimana:____

Nome	Ora	Persone	Telefono #	Camera -Tavolo	Importante

Data:_______________ Settimana:____

Nome	Ora	Persone	Telefono #	Camera - Tavolo	Importante

Data:________________ Settimana:____

Nome	Ora	Persone	Telefono #	Camera -Tavolo	Importante

Data:_______________ Settimana:____

Nome	Ora	Persone	Telefono #	Camera -Tavolo	Importante

Data:________________ Settimana:____

Nome	Ora	Persone	Telefono #	Camera -Tavolo	Importante

Data:_______________ Settimana:____

Nome	Ora	Persone	Telefono #	Camera -Tavolo	Importante

Data:_______________ Settimana:____

Nome	Ora	Persone	Telefono #	Camera -Tavolo	Importante

Data:______________ Settimana:____

Nome	Ora	Persone	Telefono #	Camera -Tavolo	Importante

Data: ____________________ Settimana: _____

Nome	Ora	Persone	Telefono #	Camera -Tavolo	Importante

Data:________________   Settimana:____

Nome	Ora	Persone	Telefono #	Camera -Tavolo	Importante

Data:_______________ Settimana:____

Nome	Ora	Persone	Telefono #	Camera -Tavolo	Importante

Data:_______________ Settimana:____

Nome	Ora	Persone	Telefono #	Camera -Tavolo	Importante

Data: ______________ Settimana: ____

Nome	Ora	Persone	Telefono #	Camera -Tavolo	Importante

Data:_______________ Settimana:____

Nome	Ora	Persone	Telefono #	Camera - Tavolo	Importante

Data:______________ Settimana:____

Nome	Ora	Persone	Telefono #	Camera -Tavolo	Importante

Data:______________ Settimana:____

Nome	Ora	Persone	Telefono #	Camera - Tavolo	Importante

Data:________________ Settimana:_____

Nome	Ora	Persone	Telefono #	Camera -Tavolo	Importante

Data:_______________ Settimana:____

Nome	Ora	Persone	Telefono #	Camera -Tavolo	Importante

Data:_______________ Settimana:____

Nome	Ora	Persone	Telefono #	Camera -Tavolo	Importante

Data:______________ Settimana:____

Nome	Ora	Persone	Telefono #	Camera -Tavolo	Importante

Data: ______________ Settimana: ____

Nome	Ora	Persone	Telefono #	Camera -Tavolo	Importante

Data:_______________ Settimana:____

Nome	Ora	Persone	Telefono #	Camera -Tavolo	Importante

Data:_______________ Settimana:____

Nome	Ora	Persone	Telefono #	Camera -Tavolo	Importante

Data:_______________ Settimana:____

Nome	Ora	Persone	Telefono #	Camera -Tavolo	Importante

Data:_______________ Settimana:____

Nome	Ora	Persone	Telefono #	Camera -Tavolo	Importante

Data:_______________ Settimana:____

Nome	Ora	Persone	Telefono #	Camera -Tavolo	Importante

Data: ________________ Settimana: ____

Nome	Ora	Persone	Telefono #	Camera -Tavolo	Importante

Data:_______________ Settimana:____

Nome	Ora	Persone	Telefono #	Camera -Tavolo	Importante

Data:_______________ Settimana:____

Nome	Ora	Persone	Telefono #	Camera -Tavolo	Importante

Data:_______________ Settimana:____

Nome	Ora	Persone	Telefono #	Camera -Tavolo	Importante

Data:______________ Settimana:____

Nome	Ora	Persone	Telefono #	Camera -Tavolo	Importante

Data:______________ Settimana:____

Nome	Ora	Persone	Telefono #	Camera -Tavolo	Importante

Data: ______________ Settimana: ____

Nome	Ora	Persone	Telefono #	Camera -Tavolo	Importante

Data:_______________ Settimana:____

Nome	Ora	Persone	Telefono #	Camera -Tavolo	Importante

Data:______________ Settimana:____

Nome	Ora	Persone	Telefono #	Camera -Tavolo	Importante

Data:_______________ Settimana:____

Nome	Ora	Persone	Telefono #	Camera -Tavolo	Importante

Data: _______________ Settimana: ____

Nome	Ora	Persone	Telefono #	Camera -Tavolo	Importante

Data:________________ Settimana:____

Nome	Ora	Persone	Telefono #	Camera -Tavolo	Importante

Data:________________ Settimana:____

Nome	Ora	Persone	Telefono #	Camera -Tavolo	Importante

Data:_______________ Settimana:____

Nome	Ora	Persone	Telefono #	Camera -Tavolo	Importante

Data:________________ Settimana:____

Nome	Ora	Persone	Telefono #	Camera -Tavolo	Importante

Data:_______________ Settimana:____

Nome	Ora	Persone	Telefono #	Camera -Tavolo	Importante

Data:______________ Settimana:____

Nome	Ora	Persone	Telefono #	Camera -Tavolo	Importante

Data:______________ Settimana:____

Nome	Ora	Persone	Telefono #	Camera -Tavolo	Importante

Data:______________ Settimana:____

Nome	Ora	Persone	Telefono #	Camera -Tavolo	Importante

Data:_______________ Settimana:____

Nome	Ora	Persone	Telefono #	Camera -Tavolo	Importante

Data:_______________ Settimana:____

Nome	Ora	Persone	Telefono #	Camera -Tavolo	Importante

Data:______________ Settimana:____

Nome	Ora	Persone	Telefono #	Camera -Tavolo	Importante

Data:________________ Settimana:____

Nome	Ora	Persone	Telefono #	Camera -Tavolo	Importante

Data:______________ Settimana:____

Nome	Ora	Persone	Telefono #	Camera -Tavolo	Importante

Data:_______________ Settimana:____

Nome	Ora	Persone	Telefono #	Camera -Tavolo	Importante

Data:_______________ Settimana:____

Nome	Ora	Persone	Telefono #	Camera -Tavolo	Importante

Data: ______________ Settimana: ____

Nome	Ora	Persone	Telefono #	Camera -Tavolo	Importante

Data:_______________ Settimana:____

Nome	Ora	Persone	Telefono #	Camera -Tavolo	Importante

Data:_______________ Settimana:____

Nome	Ora	Persone	Telefono #	Camera -Tavolo	Importante

Data:_______________ Settimana:____

Nome	Ora	Persone	Telefono #	Camera -Tavolo	Importante

Data: ______________ Settimana: ____

Nome	Ora	Persone	Telefono #	Camera -Tavolo	Importante

Data:______________ Settimana:____

Nome	Ora	Persone	Telefono #	Camera -Tavolo	Importante

Data: _______________ Settimana: ____

Nome	Ora	Persone	Telefono #	Camera -Tavolo	Importante

Data:________________ Settimana:____

Nome	Ora	Persone	Telefono #	Camera -Tavolo	Importante

Data: ______________ Settimana: ____

Nome	Ora	Persone	Telefono #	Camera -Tavolo	Importante

Data:_______________ Settimana:____

Nome	Ora	Persone	Telefono #	Camera -Tavolo	Importante

Data:_______________ Settimana:____

Nome	Ora	Persone	Telefono #	Camera -Tavolo	Importante

Data: ______________ Settimana: ____

Nome	Ora	Persone	Telefono #	Camera -Tavolo	Importante

Data:________________ Settimana:____

Nome	Ora	Persone	Telefono #	Camera -Tavolo	Importante

Data:______________ Settimana:____

Nome	Ora	Persone	Telefono #	Camera -Tavolo	Importante

Data:_______________ Settimana:____

Nome	Ora	Persone	Telefono #	Camera -Tavolo	Importante

Data:______________ Settimana:____

Nome	Ora	Persone	Telefono #	Camera -Tavolo	Importante

Data:_______________ Settimana:____

Nome	Ora	Persone	Telefono #	Camera -Tavolo	Importante

Data:_______________ Settimana:____

Nome	Ora	Persone	Telefono #	Camera -Tavolo	Importante

Data:______________ Settimana:____

Nome	Ora	Persone	Telefono #	Camera -Tavolo	Importante

Data:_______________ Settimana:____

Nome	Ora	Persone	Telefono #	Camera -Tavolo	Importante

Data:______________ Settimana:____

Nome	Ora	Persone	Telefono #	Camera -Tavolo	Importante

Data:______________ Settimana:____

Nome	Ora	Persone	Telefono #	Camera -Tavolo	Importante

Data:_______________ Settimana:____

Nome	Ora	Persone	Telefono #	Camera -Tavolo	Importante

Data:______________ Settimana:____

Nome	Ora	Persone	Telefono #	Camera -Tavolo	Importante

Data:________________ Settimana:____

Nome	Ora	Persone	Telefono #	Camera -Tavolo	Importante

Data:______________ Settimana:____

Nome	Ora	Persone	Telefono #	Camera -Tavolo	Importante

Data:________________ Settimana:____

Nome	Ora	Persone	Telefono #	Camera -Tavolo	Importante

Data:________________ Settimana:____

Nome	Ora	Persone	Telefono #	Camera -Tavolo	Importante

Data: ________________ Settimana: ____

Nome	Ora	Persone	Telefono #	Camera -Tavolo	Importante

Data:______________ Settimana:____

Nome	Ora	Persone	Telefono #	Camera -Tavolo	Importante

Data:______________ Settimana:____

Nome	Ora	Persone	Telefono #	Camera -Tavolo	Importante

Data:_______________ Settimana:____

Nome	Ora	Persone	Telefono #	Camera -Tavolo	Importante

Data:_______________ Settimana:____

Nome	Ora	Persone	Telefono #	Camera -Tavolo	Importante

Data:_______________ Settimana:____

Nome	Ora	Persone	Telefono #	Camera -Tavolo	Importante

Data:_______________ Settimana:____

Nome	Ora	Persone	Telefono #	Camera -Tavolo	Importante

Data:_______________ Settimana:____

Nome	Ora	Persone	Telefono #	Camera -Tavolo	Importante

Data:_______________ Settimana:____

Nome	Ora	Persone	Telefono #	Camera -Tavolo	Importante

Data:_______________ Settimana:____

Nome	Ora	Persone	Telefono #	Camera -Tavolo	Importante

Data:_______________ Settimana:____

Nome	Ora	Persone	Telefono #	Camera -Tavolo	Importante

Data:______________ Settimana:____

Nome	Ora	Persone	Telefono #	Camera -Tavolo	Importante

Data:______________ Settimana:____

Nome	Ora	Persone	Telefono #	Camera -Tavolo	Importante

Data:_______________ Settimana:____

Nome	Ora	Persone	Telefono #	Camera -Tavolo	Importante

Data:_______________ Settimana:____

Nome	Ora	Persone	Telefono #	Camera -Tavolo	Importante

Data:________________ Settimana:____

Nome	Ora	Persone	Telefono #	Camera - Tavolo	Importante

Data:________________ Settimana:____

Nome	Ora	Persone	Telefono #	Camera -Tavolo	Importante

Data:______________ Settimana:____

Nome	Ora	Persone	Telefono #	Camera -Tavolo	Importante

Data:______________ Settimana:____

Nome	Ora	Persone	Telefono #	Camera -Tavolo	Importante

Data:________________ Settimana:____

Nome	Ora	Persone	Telefono #	Camera -Tavolo	Importante

Data:______________ Settimana:____

Nome	Ora	Persone	Telefono #	Camera -Tavolo	Importante

Data:_______________ Settimana:____

Nome	Ora	Persone	Telefono #	Camera - Tavolo	Importante

Data: ________________ Settimana: ____

Nome	Ora	Persone	Telefono #	Camera -Tavolo	Importante

Data:______________ Settimana:____

Nome	Ora	Persone	Telefono #	Camera -Tavolo	Importante

Data:______________ Settimana:____

Nome	Ora	Persone	Telefono #	Camera -Tavolo	Importante

Data:_______________ Settimana:____

Nome	Ora	Persone	Telefono #	Camera -Tavolo	Importante

Data:_______________ Settimana:____

Nome	Ora	Persone	Telefono #	Camera -Tavolo	Importante

Data:______________ Settimana:____

Nome	Ora	Persone	Telefono #	Camera -Tavolo	Importante

Data: ________________ Settimana: ____

Nome	Ora	Persone	Telefono #	Camera -Tavolo	Importante

Data:______________ Settimana:____

Nome	Ora	Persone	Telefono #	Camera -Tavolo	Importante

Data: ____________

Settimana: ____

Nome	Ora	Persone	Telefono #	Camera -Tavolo	Importante

Data:_______________ Settimana:____

Nome	Ora	Persone	Telefono #	Camera -Tavolo	Importante

Data: ______________ Settimana: ____

Nome	Ora	Persone	Telefono #	Camera -Tavolo	Importante

Data:______________ Settimana:____

Nome	Ora	Persone	Telefono #	Camera - Tavolo	Importante

Data:________________ Settimana:____

Nome	Ora	Persone	Telefono #	Camera -Tavolo	Importante

Data:______________ Settimana:____

Nome	Ora	Persone	Telefono #	Camera -Tavolo	Importante

Data:_______________ Settimana:____

Nome	Ora	Persone	Telefono #	Camera -Tavolo	Importante

Data:_______________ Settimana:____

Nome	Ora	Persone	Telefono #	Camera - Tavolo	Importante

Data:______________ Settimana:____

Nome	Ora	Persone	Telefono #	Camera -Tavolo	Importante

Data:______________ Settimana:____

Nome	Ora	Persone	Telefono #	Camera -Tavolo	Importante

Data:______________ Settimana:____

Nome	Ora	Persone	Telefono #	Camera -Tavolo	Importante

Data:_______________ Settimana:____

Nome	Ora	Persone	Telefono #	Camera -Tavolo	Importante

Data: ______________ Settimana: ____

Nome	Ora	Persone	Telefono #	Camera -Tavolo	Importante

Data:_______________ Settimana:____

Nome	Ora	Persone	Telefono #	Camera -Tavolo	Importante

Data:________________ Settimana:____

Nome	Ora	Persone	Telefono #	Camera -Tavolo	Importante

Data:______________ Settimana:____

Nome	Ora	Persone	Telefono #	Camera -Tavolo	Importante

Data:______________ Settimana:____

Nome	Ora	Persone	Telefono #	Camera -Tavolo	Importante

Data:______________ Settimana:____

Nome	Ora	Persone	Telefono #	Camera -Tavolo	Importante

Data:________________ Settimana:____

Nome	Ora	Persone	Telefono #	Camera -Tavolo	Importante

Data:______________ Settimana:____

Nome	Ora	Persone	Telefono #	Camera - Tavolo	Importante

Data:_______________ Settimana:____

Nome	Ora	Persone	Telefono #	Camera -Tavolo	Importante

Data:______________ Settimana:____

Nome	Ora	Persone	Telefono #	Camera -Tavolo	Importante

Data:_______________ Settimana:____

Nome	Ora	Persone	Telefono #	Camera - Tavolo	Importante

Data:______________ Settimana:____

Nome	Ora	Persone	Telefono #	Camera -Tavolo	Importante

Data:______________ Settimana:____

Nome	Ora	Persone	Telefono #	Camera -Tavolo	Importante

Data:_______________ Settimana:____

Nome	Ora	Persone	Telefono #	Camera -Tavolo	Importante

Data:_______________ Settimana:____

Nome	Ora	Persone	Telefono #	Camera -Tavolo	Importante

Data:_______________ Settimana:____

Nome	Ora	Persone	Telefono #	Camera -Tavolo	Importante

Data:_______________ Settimana:____

Nome	Ora	Persone	Telefono #	Camera -Tavolo	Importante

Data:______________ Settimana:____

Nome	Ora	Persone	Telefono #	Camera -Tavolo	Importante

Data:______________ Settimana:____

Nome	Ora	Persone	Telefono #	Camera -Tavolo	Importante

Data:_______________ Settimana:____

Nome	Ora	Persone	Telefono #	Camera -Tavolo	Importante

Data:_______________ Settimana:____

Nome	Ora	Persone	Telefono #	Camera -Tavolo	Importante

Data:_______________ Settimana:____

Nome	Ora	Persone	Telefono #	Camera -Tavolo	Importante

Data:_______________ Settimana:____

Nome	Ora	Persone	Telefono #	Camera -Tavolo	Importante

Data:_______________ Settimana:____

Nome	Ora	Persone	Telefono #	Camera -Tavolo	Importante

Data:______________ Settimana:____

Nome	Ora	Persone	Telefono #	Camera -Tavolo	Importante

Data:______________ Settimana:____

Nome	Ora	Persone	Telefono #	Camera -Tavolo	Importante

Data:_______________ Settimana:____

Nome	Ora	Persone	Telefono #	Camera -Tavolo	Importante

Data:_______________ Settimana:____

Nome	Ora	Persone	Telefono #	Camera -Tavolo	Importante

Data:________________ Settimana:____

Nome	Ora	Persone	Telefono #	Camera -Tavolo	Importante

Data:______________ Settimana:____

Nome	Ora	Persone	Telefono #	Camera -Tavolo	Importante

Data:______________ Settimana:____

Nome	Ora	Persone	Telefono #	Camera -Tavolo	Importante

Data:_______________ Settimana:____

Nome	Ora	Persone	Telefono #	Camera -Tavolo	Importante

Data:_______________ Settimana:____

Nome	Ora	Persone	Telefono #	Camera -Tavolo	Importante

Data:______________ Settimana:____

Nome	Ora	Persone	Telefono #	Camera -Tavolo	Importante

Data:________________ Settimana:____

Nome	Ora	Persone	Telefono #	Camera -Tavolo	Importante

Data:_______________ Settimana:____

Nome	Ora	Persone	Telefono #	Camera -Tavolo	Importante

Data:_______________ Settimana:____

Nome	Ora	Persone	Telefono #	Camera -Tavolo	Importante

Data:________________ Settimana:____

Nome	Ora	Persone	Telefono #	Camera -Tavolo	Importante

Data:________________ Settimana:____

Nome	Ora	Persone	Telefono #	Camera -Tavolo	Importante

Data:______________ Settimana:____

Nome	Ora	Persone	Telefono #	Camera -Tavolo	Importante

Data:_______________ Settimana:____

Nome	Ora	Persone	Telefono #	Camera -Tavolo	Importante

Data:_______________ Settimana:____

Nome	Ora	Persone	Telefono #	Camera -Tavolo	Importante

Data:______________ Settimana:____

Nome	Ora	Persone	Telefono #	Camera -Tavolo	Importante

Data:______________ Settimana:____

Nome	Ora	Persone	Telefono #	Camera -Tavolo	Importante

Data:_______________ Settimana:____

Nome	Ora	Persone	Telefono #	Camera -Tavolo	Importante

Data:________________ Settimana:____

Nome	Ora	Persone	Telefono #	Camera -Tavolo	Importante

Data:______________ Settimana:____

Nome	Ora	Persone	Telefono #	Camera -Tavolo	Importante

Data:______________ Settimana:____

Nome	Ora	Persone	Telefono #	Camera -Tavolo	Importante

Data:_______________ Settimana:____

Nome	Ora	Persone	Telefono #	Camera -Tavolo	Importante

Data:______________ Settimana:____

Nome	Ora	Persone	Telefono #	Camera -Tavolo	Importante

Data:______________ Settimana:____

Nome	Ora	Persone	Telefono #	Camera -Tavolo	Importante

Data:______________ Settimana:____

Nome	Ora	Persone	Telefono #	Camera -Tavolo	Importante

Data:_______________ Settimana:____

Nome	Ora	Persone	Telefono #	Camera -Tavolo	Importante

Data:_______________ Settimana:____

Nome	Ora	Persone	Telefono #	Camera - Tavolo	Importante

Data:______________ Settimana:____

Nome	Ora	Persone	Telefono #	Camera -Tavolo	Importante

Data:______________ Settimana:____

Nome	Ora	Persone	Telefono #	Camera -Tavolo	Importante

Data: ________________ Settimana: ____

Nome	Ora	Persone	Telefono #	Camera -Tavolo	Importante

Data:_______________ Settimana:____

Nome	Ora	Persone	Telefono #	Camera -Tavolo	Importante

Data:______________ Settimana:____

Nome	Ora	Persone	Telefono #	Camera -Tavolo	Importante

Data:______________ Settimana:____

Nome	Ora	Persone	Telefono #	Camera -Tavolo	Importante

Data:_______________ Settimana:____

Nome	Ora	Persone	Telefono #	Camera -Tavolo	Importante

Data:______________ Settimana:____

Nome	Ora	Persone	Telefono #	Camera - Tavolo	Importante

Data:_______________ Settimana:____

Nome	Ora	Persone	Telefono #	Camera -Tavolo	Importante

Data:________________ Settimana:____

Nome	Ora	Persone	Telefono #	Camera -Tavolo	Importante

Data:_______________ Settimana:____

Nome	Ora	Persone	Telefono #	Camera -Tavolo	Importante

Data:______________ Settimana:____

Nome	Ora	Persone	Telefono #	Camera -Tavolo	Importante

Data:_______________ Settimana:____

Nome	Ora	Persone	Telefono #	Camera -Tavolo	Importante

Data:______________ Settimana:____

Nome	Ora	Persone	Telefono #	Camera -Tavolo	Importante

Data:_______________ Settimana:____

Nome	Ora	Persone	Telefono #	Camera -Tavolo	Importante

Data:______________ Settimana:____

Nome	Ora	Persone	Telefono #	Camera -Tavolo	Importante

Data: ________________ Settimana: ____

Nome	Ora	Persone	Telefono #	Camera -Tavolo	Importante

Data:______________ Settimana:____

Nome	Ora	Persone	Telefono #	Camera -Tavolo	Importante

Data:______________ Settimana:____

Nome	Ora	Persone	Telefono #	Camera -Tavolo	Importante

Data:_______________ Settimana:____

Nome	Ora	Persone	Telefono #	Camera -Tavolo	Importante

Data: _______________ Settimana: ____

Nome	Ora	Persone	Telefono #	Camera -Tavolo	Importante

Data:______________ Settimana:____

Nome	Ora	Persone	Telefono #	Camera - Tavolo	Importante

Data:________________ Settimana:____

Nome	Ora	Persone	Telefono #	Camera -Tavolo	Importante

Data:_______________ Settimana:____

Nome	Ora	Persone	Telefono #	Camera -Tavolo	Importante

Data:_______________ Settimana:____

Nome	Ora	Persone	Telefono #	Camera -Tavolo	Importante

Data:_______________ Settimana:____

Nome	Ora	Persone	Telefono #	Camera -Tavolo	Importante

Data:________________ Settimana:____

Nome	Ora	Persone	Telefono #	Camera -Tavolo	Importante

Data:______________ Settimana:____

Nome	Ora	Persone	Telefono #	Camera -Tavolo	Importante

Data: ______________ Settimana: ____

Nome	Ora	Persone	Telefono #	Camera -Tavolo	Importante

Data:______________ Settimana:____

Nome	Ora	Persone	Telefono #	Camera -Tavolo	Importante

Data:_______________ Settimana:____

Nome	Ora	Persone	Telefono #	Camera -Tavolo	Importante

Data:______________ Settimana:____

Nome	Ora	Persone	Telefono #	Camera -Tavolo	Importante

Data: ______________ Settimana: ____

Nome	Ora	Persone	Telefono #	Camera -Tavolo	Importante

Data:______________ Settimana:____

Nome	Ora	Persone	Telefono #	Camera -Tavolo	Importante

Data:_______________ Settimana:____

Nome	Ora	Persone	Telefono #	Camera -Tavolo	Importante

Data:______________ Settimana:____

Nome	Ora	Persone	Telefono #	Camera -Tavolo	Importante

Data:_______________ Settimana:____

Nome	Ora	Persone	Telefono #	Camera -Tavolo	Importante

Data:_______________ Settimana:____

Nome	Ora	Persone	Telefono #	Camera -Tavolo	Importante

Data:_______________ Settimana:____

Nome	Ora	Persone	Telefono #	Camera -Tavolo	Importante

Data:_______________ Settimana:____

Nome	Ora	Persone	Telefono #	Camera -Tavolo	Importante

Data:_______________ Settimana:____

Nome	Ora	Persone	Telefono #	Camera -Tavolo	Importante

Data:______________ Settimana:____

Nome	Ora	Persone	Telefono #	Camera -Tavolo	Importante

Data:_______________ Settimana:____

Nome	Ora	Persone	Telefono #	Camera -Tavolo	Importante

Data:______________ Settimana:____

Nome	Ora	Persone	Telefono #	Camera -Tavolo	Importante

Data: ______________ Settimana: ____

Nome	Ora	Persone	Telefono #	Camera -Tavolo	Importante

Data:_______________ Settimana:____

Nome	Ora	Persone	Telefono #	Camera -Tavolo	Importante

Data:_______________ Settimana:____

Nome	Ora	Persone	Telefono #	Camera -Tavolo	Importante

Data:______________ Settimana:____

Nome	Ora	Persone	Telefono #	Camera -Tavolo	Importante

Data:________________ Settimana:_____

Nome	Ora	Persone	Telefono #	Camera -Tavolo	Importante

Data:______________ Settimana:____

Nome	Ora	Persone	Telefono #	Camera -Tavolo	Importante

Data:_______________ Settimana:____

Nome	Ora	Persone	Telefono #	Camera -Tavolo	Importante

Data:_______________ Settimana:____

Nome	Ora	Persone	Telefono #	Camera -Tavolo	Importante

Data:________________ Settimana:____

Nome	Ora	Persone	Telefono #	Camera -Tavolo	Importante

Data:_______________ Settimana:____

Nome	Ora	Persone	Telefono #	Camera -Tavolo	Importante

Data:_______________ Settimana:____

Nome	Ora	Persone	Telefono #	Camera -Tavolo	Importante

Data:______________ Settimana:____

Nome	Ora	Persone	Telefono #	Camera -Tavolo	Importante

Data:______________ Settimana:____

Nome	Ora	Persone	Telefono #	Camera -Tavolo	Importante

Data:_______________ Settimana:____

Nome	Ora	Persone	Telefono #	Camera -Tavolo	Importante

Data:_______________ Settimana:____

Nome	Ora	Persone	Telefono #	Camera -Tavolo	Importante

Data: _______________ Settimana: ____

Nome	Ora	Persone	Telefono #	Camera -Tavolo	Importante

Data: ______________ Settimana: ____

Nome	Ora	Persone	Telefono #	Camera -Tavolo	Importante

Data:______________ Settimana:____

Nome	Ora	Persone	Telefono #	Camera -Tavolo	Importante

Data:______________ Settimana:____

Nome	Ora	Persone	Telefono #	Camera -Tavolo	Importante

Data:______________ Settimana:____

Nome	Ora	Persone	Telefono #	Camera - Tavolo	Importante

Data:______________ Settimana:____

Nome	Ora	Persone	Telefono #	Camera -Tavolo	Importante

Data:______________ Settimana:____

Nome	Ora	Persone	Telefono #	Camera -Tavolo	Importante

Data:_______________ Settimana:____

Nome	Ora	Persone	Telefono #	Camera -Tavolo	Importante

Data:______________ Settimana:____

Nome	Ora	Persone	Telefono #	Camera -Tavolo	Importante

Data:______________ Settimana:____

Nome	Ora	Persone	Telefono #	Camera -Tavolo	Importante

Data:______________ Settimana:____

Nome	Ora	Persone	Telefono #	Camera -Tavolo	Importante

Data:______________ Settimana:____

Nome	Ora	Persone	Telefono #	Camera -Tavolo	Importante

Data:_______________ Settimana:____

Nome	Ora	Persone	Telefono #	Camera -Tavolo	Importante

Data: ________________ Settimana: ____

Nome	Ora	Persone	Telefono #	Camera -Tavolo	Importante

Data:_______________ Settimana:____

Nome	Ora	Persone	Telefono #	Camera -Tavolo	Importante

Data:_______________ Settimana:____

Nome	Ora	Persone	Telefono #	Camera -Tavolo	Importante

Data:_______________ Settimana:____

Nome	Ora	Persone	Telefono #	Camera -Tavolo	Importante

Data:_______________ Settimana:____

Nome	Ora	Persone	Telefono #	Camera -Tavolo	Importante

Data:_______________ Settimana:____

Nome	Ora	Persone	Telefono #	Camera -Tavolo	Importante

Data:______________ Settimana:____

Nome	Ora	Persone	Telefono #	Camera -Tavolo	Importante

Data:______________ Settimana:____

Nome	Ora	Persone	Telefono #	Camera -Tavolo	Importante

Data:______________ Settimana:____

Nome	Ora	Persone	Telefono #	Camera -Tavolo	Importante

Data:______________ Settimana:____

Nome	Ora	Persone	Telefono #	Camera -Tavolo	Importante

Data:_______________ Settimana:____

Nome	Ora	Persone	Telefono #	Camera -Tavolo	Importante

Data:______________ Settimana:____

Nome	Ora	Persone	Telefono #	Camera -Tavolo	Importante

Data:______________ Settimana:____

Nome	Ora	Persone	Telefono #	Camera -Tavolo	Importante

Data:_______________ Settimana:____

Nome	Ora	Persone	Telefono #	Camera -Tavolo	Importante

Data:______________ Settimana:____

Nome	Ora	Persone	Telefono #	Camera -Tavolo	Importante

Data:______________ Settimana:____

Nome	Ora	Persone	Telefono #	Camera -Tavolo	Importante

Data:______________ Settimana:____

Nome	Ora	Persone	Telefono #	Camera -Tavolo	Importante

Data:_______________ Settimana:____

Nome	Ora	Persone	Telefono #	Camera -Tavolo	Importante

Data:______________ Settimana:____

Nome	Ora	Persone	Telefono #	Camera -Tavolo	Importante

Data:______________ Settimana:____

Nome	Ora	Persone	Telefono #	Camera -Tavolo	Importante

Data: ______________ Settimana: ____

Nome	Ora	Persone	Telefono #	Camera -Tavolo	Importante

Data:_______________ Settimana:____

Nome	Ora	Persone	Telefono #	Camera -Tavolo	Importante

Data:_______________ Settimana:____

Nome	Ora	Persone	Telefono #	Camera -Tavolo	Importante

Data:_______________ Settimana:____

Nome	Ora	Persone	Telefono #	Camera -Tavolo	Importante

Data:_______________ Settimana:____

Nome	Ora	Persone	Telefono #	Camera -Tavolo	Importante

Data:______________ Settimana:____

Nome	Ora	Persone	Telefono #	Camera -Tavolo	Importante

Data:______________ Settimana:____

Nome	Ora	Persone	Telefono #	Camera -Tavolo	Importante

Data:________________ Settimana:____

Nome	Ora	Persone	Telefono #	Camera -Tavolo	Importante

Data:_______________ Settimana:____

Nome	Ora	Persone	Telefono #	Camera -Tavolo	Importante

Data:______________ Settimana:____

Nome	Ora	Persone	Telefono #	Camera -Tavolo	Importante

Data:_______________ Settimana:____

Nome	Ora	Persone	Telefono #	Camera -Tavolo	Importante

Data:_______________ Settimana:____

Nome	Ora	Persone	Telefono #	Camera -Tavolo	Importante

Data:______________ Settimana:____

Nome	Ora	Persone	Telefono #	Camera -Tavolo	Importante

Data:_______________ Settimana:____

Nome	Ora	Persone	Telefono #	Camera -Tavolo	Importante

Data:______________ Settimana:____

Nome	Ora	Persone	Telefono #	Camera -Tavolo	Importante

Data:______________ Settimana:____

Nome	Ora	Persone	Telefono #	Camera - Tavolo	Importante

Data:_______________ Settimana:____

Nome	Ora	Persone	Telefono #	Camera -Tavolo	Importante

Data:______________ Settimana:____

Nome	Ora	Persone	Telefono #	Camera - Tavolo	Importante

Data:______________ Settimana:____

Nome	Ora	Persone	Telefono #	Camera -Tavolo	Importante

Data:______________ Settimana:____

Nome	Ora	Persone	Telefono #	Camera -Tavolo	Importante

Data:______________ Settimana:____

Nome	Ora	Persone	Telefono #	Camera -Tavolo	Importante

Data:______________ Settimana:____

Nome	Ora	Persone	Telefono #	Camera -Tavolo	Importante

Data:____________ Settimana:____

Nome	Ora	Persone	Telefono #	Camera -Tavolo	Importante

Data:______________ Settimana:____

Nome	Ora	Persone	Telefono #	Camera -Tavolo	Importante

Data: ______________ Settimana: ____

Nome	Ora	Persone	Telefono #	Camera - Tavolo	Importante

Data:______________ Settimana:____

Nome	Ora	Persone	Telefono #	Camera -Tavolo	Importante

Data:_______________ Settimana:____

Nome	Ora	Persone	Telefono #	Camera -Tavolo	Importante

Data:_______________ Settimana:____

Nome	Ora	Persone	Telefono #	Camera -Tavolo	Importante

Data: ______________ Settimana: ____

Nome	Ora	Persone	Telefono #	Camera -Tavolo	Importante

Data:______________ Settimana:____

Nome	Ora	Persone	Telefono #	Camera -Tavolo	Importante

Data:______________ Settimana:____

Nome	Ora	Persone	Telefono #	Camera -Tavolo	Importante

Data:______________ Settimana:____

Nome	Ora	Persone	Telefono #	Camera -Tavolo	Importante

Data:______________ Settimana:____

Nome	Ora	Persone	Telefono #	Camera -Tavolo	Importante

Data:________________ Settimana:____

Nome	Ora	Persone	Telefono #	Camera -Tavolo	Importante

www.ingramcontent.com/pod-product-compliance
Lightning Source LLC
Chambersburg PA
CBHW081507220526
45467CB00010B/2819
* 9 7 8 1 7 0 5 6 8 4 7 9 5 *